मन की उलझनें

मुस्कानों और सोच के दरमियान

Sagar Dadhich

BookLeaf Publishing

India | USA | UK

Dedication

उन सभी के नाम, जो सवालों से घिरे हैं, जवाबों से उलझे हैं, और फिर भी चलते जा रहे हैं। जो रास्तों की तलाश में हैं, भटकने से नहीं डरते। ये शब्द उनके लिए हैं—जो खुद को खोकर भी, किसी नई राह पर खुद को पा लेने का हौसला रखते हैं।

Preface

यह किताब सिर्फ़ कविताओं का संग्रह नहीं, बल्कि उन ख्यालों,
सवालों और भावनाओं की झलक है,
जो हमें कभी रास्ते में मिले, कभी किसी मोड़ पर छोड़ गए।
हर कविता किसी न किसी अनुभव से जुड़ी है— कभी खुद की, कभी
किसी और की।

अगर इनमें से कोई कविता आपको आपके किसी एहसास की याद
दिला सके,
तो यह सफर सफल रहेगा।

Acknowledgements

इस किताब के सफर में मेरा साथ देने वाले सभी लोगों का हृदय से
आभार।
सबसे पहले, उन सभी अनकहे एहसासों और सवालों का शुक्रिया,
जिन्होंने इन शब्दों को जन्म दिया। यह किताब उन्हीं भटकते विचारों
का प्रतिबिंब है, जो जवाबों की तलाश में कहीं गुम हो गए थे।
उन सभी लोगों का धन्यवाद, जिन्होंने कभी मेरी कविताएँ सुनीं,
सराहीं, या महसूस कीं।
आपके शब्द, आपकी ख़ामोशी, और आपकी प्रतिक्रिया ने ही मुझे
लिखते रहने की प्रेरणा दी।
यह किताब आप सभी के लिए है।
आख़िर में, उन अनदेखे रास्तों का आभार, जो हमें खोजने की राह
दिखाते हैं—चाहे हम उन्हें पहचानें या नहीं।

1. मौन विद्रोह

सवाल जो भी हो, जवाब ढूँढ़ने को अब
मन नहीं,
हाँ ना या कुछ नहीं के फेर में, सिमट
जाने को अब मन नहीं।

तेरा-मेरा, तुझमें-मुझमें, इसका-उसका,
इसमें-उसमें,
क्या, क्यों, कब, कैसे, किसलिए के फेर
में,
गुम हो जाने को, अब मन नहीं।

सवाल जो भी हो, जवाब ढूँढ़ने को अब

मन नहीं,
हाँ ना या कुछ नहीं के फेर में, सिमट
जाने को अब मन नहीं।।

ख्वाब, ख्वाहिश, उम्मीद और किस्मत,
हैं सब फ़रेब के साथी,
इन्हें हाथों की लकीरों में उकेरने को,
अब मन नहीं।

सवाल जो भी हो, जवाब ढूँढ़ने को अब
मन नहीं,
हाँ ना या कुछ नहीं के फेर में, सिमट
जाने को अब मन नहीं।।

ढल चुका है सूरज, बिक गए हैं कुछ
ख़्वाब,

मगर फिर भी ज़िम्मेदारी की गठरी उठा,
नकली मुस्कान लिए, घर लौट जाने को,
अब मन नहीं।

सवाल जो भी हो, जवाब ढूँढ़ने को अब
मन नहीं,
हाँ ना या कुछ नहीं के फेर में, सिमट
जाने को अब मन नहीं।।

2. बिखरते ख़्वाब

मैंने अपने ही हाथों,
अपने सपनों को टूटते देखा है,
बंद मुट्ठी से बिखरती रेत को देखा है।
कई कोशिशों के बावजूद,
बिगड़ती मेहनत को किस्मत का हवाला
देकर,
लोगों को मंज़िल बदलते देखा है।
मैंने अपने ही हाथों,
अपने सपनों को टूटते देखा है,
बंद मुट्ठी से बिखरती रेत को देखा है।

देखा है ज़िम्मेदारियों के बोझ तले,
अपने सपनों को चूर होते,
ज़माने के डर से ख़्वाबों को क़ैद करते
देखा है।
कभी आसमान में उड़ती चिड़िया को भी
मैंने,
अपने पंख कतरते देखा है,
मैंने अपने ही हाथों,
अपने सपनों को टूटते देखा है,
बंद मुट्ठी से बिखरती रेत को देखा है।

अपने सपनों को बेचकर,
लोगों को ख़ुद का पेट भरते देखा है।
असफलता के डर से,
अपने ही ख़्वाबों का गला घोंटते देखा है।

मैंने अपने ही हाथों,
अपने सपनों को टूटते देखा है,
बंद मुट्ठी से बिखरती रेत को देखा है।

3. लाचार ख़्वाब

और तो क्या बचा था बेचने को,
अपनी आँखों के ख़्वाब बेचे हैं।
दिल में अरमान तो कई थे, मगर फिर भी,
चंद कौड़ियों के दाम बेचे हैं।

और तो क्या बचा था बेचने को,
अपनी आँखों के ख़्वाब बेचे हैं॥

कि बिक गए हैं सारे अरमान,
अब तो चिंगारी भी न बची,
बरसों पहले जिन आँखों में

धधकती थी ख़्वाबों की आग,
उन आँखों में अब रोशनी भी न बची।

सौदागरों ने कुछ इस कदर किया सौदा,
सस्ते दाम देख,
नीलामी की नुमाइश तक न करी|

लुटा आया हूँ महंगे से ख़्वाब मेरे,
चंद कौड़ियों के दाम बेचे हैं।

और तो क्या बचा था बेचने को,
अपनी आँखों के ख़्वाब बेचे हैं|
दिल में अरमान तो कई थे, मगर फिर भी,
चंद कौड़ियों के दाम बेचे हैं।

4. ग़ुमान और हक़ीक़त

जो बदल दिया नज़रिया,
तो अब नज़ारे भी कुछ बदले से नज़र
आते हैं।
कभी ग़ुम सा रहता था जिन रास्तों पर,
वो रास्ते अब बेमतलब से नज़र आते हैं।

कि आलम कुछ यूँ है,
मैं आगे बढ़ गया हूँ शायद अपने अस्तित्व
से,
मगर फिर भी लोग कहते हैं,
उन रास्तों पर तुम्हारे पदचिह्न नज़र आते

हैं।

मैं कहता रहा औरों से,
ना चलना उन रास्तों पर,
वहाँ काँटे नज़र आते हैं,
बिन चप्पलों के चलने पर,
पैरों में छाले पड़ जाया करते हैं।

शायद भूल चुका था,
औरों का नज़रिया मैं,
अक्सर लोग अब मुझे उन रास्तों पर,
चप्पलें पहने नज़र आते हैं।

गुमां था कि सबसे कठिन राह मेरी,
मगर हर मुसाफ़िर की तक़लीफ़ जुदा थी

कही।
जिन राहों को काँटों से भरा मैं समझता रहा,
वहीं कुछ के क़दमों तले मख़मल बिछा था कभी।

5. सच की तफ़सीलें

ज़माने ने सुनी एक कहानी अधूरी,
देखा एक सच अधूरा,
देखा ज़मीन पर टूटा ग्लास आधा,
उसमें छूटा पानी अधूरा।

कहने वाले कह गए,
जितनी प्यास थी उतना पिया पानी,
और देखो, ग्लास ज़मीन पर फेंक,
वो आगे चल दिया।

किसे पता, प्यास कितनी थी?

पूरी बुझी भी थी?
या अब भी अधूरी ही थी?
जो छोड़ गया, जाने क्या,
उसकी भी कोई मजबूरी थी?

कहने वालों ने कहानी को,
अपने-अपने तरीकों से तोड़ा-मरोड़ा,
किसी ने किया तंज़ या कोई व्यंग्य करता,
अपनी-अपनी राह चल दिया।

प्रेषित हुए कई चित्र-विचित्र संस्करण,
उस एक कहानी के,
और इन संस्करणों के दबाव में,
जो घुटकर मर गया, वो था,
एक अनकहा सा सच अधूरा।।

6. बेचैन मन, नदी की गोद

एक शांत सी बहती गहरी नदी,
नदी पर चलती एक नाव,
नाव पर सवार पतवार चलाता नाविक,
नाविक के मुख पर एक मधुर गान।

शाम का प्रहर,
ढलता सूरज, गुलाबी आसमान,
कल-कल बहती नदी की ध्वनि,
और घर लौटते पंछियों की चहक।

इन सबके संयोग से बनता,

एक मधुर और सुरम्य दृश्य,
और इस दृश्य को देख,
प्रफुल्लित होता,
सुकून की तलाश में
भटकता एक मन।

वो मन, जो अब तक दुनिया की हलचल
में खोया था,
शायद वो पहली बार ख़ुद से भी मिला
था।

नदी की धारा ने उसे सिखाया—
बहना ही जीवन है, ठहरना नहीं।
डूबने से डरने वाले, पार नहीं जाते,
जो बहाव में ढल जाएँ, हैं किनारे वही
पाते।

नाविक की मुस्कान ने समझाया—
जीवन भी तो एक सफ़र ही है,
पतवार चलाते जाओ,
कभी धाराएँ अनुकूल होंगी, तो कभी
प्रतिकूल,
पर जब तक तुम आगे बढ़ते रहोगे,
हर किनारा तुम्हारा होगा।

शाम ढली, अंधेरा छाने लगा,
नदी अपनी गति से बहती रही,
पर वो मन, जो अशांत था,
अब शांत हो चला।
अब उसे सुकून की तलाश नहीं थी,
क्योंकि वो सुकून उसी के भीतर बसा
था।

7. अरमानों की किरचें

आज फिर एक रात उदास सी है,
लगता है कोई टूटा दिल लिए घर लौटा
है।
वो जो लिए फिरता था,
ख़्वाबों से भरा गुल्लक,
ना जाने किसके हाथों से छूटा है?

इस क़दर टूटकर बिखरे हैं,
कुछ ख़्वाब ज़मीन पर,
जैसे बिखरी हो कोई,
राख ज़मीन पर।

कि समेटने तक का वक़्त ना मिला उसे,
अपने टूटे-बिखरे ख़्वाबों को।
एक तेज़ हवा का झोंका आया,
और उड़ा ले गया, ना जाने किधर...

8. सपनों की तलाश

मुश्किलों के शहर में, मेहनत का दीया
जलाने आया हूँ,
अनजान से शहर में, गुमनाम सा व्यक्ति,
मैं अपनी एक पहचान बनाने आया हूँ।

नाम बनाने की ख़्वाहिश में, भीड़ से
निकल,
मंज़िल का रास्ता तय करने, बड़ी दूर
चला आया हूँ,
मैं मुश्किलों के शहर में, मेहनत का दीया
जलाने आया हूँ।

कि होगी मंज़िल मेरे क़दमों से अब भी
मीलों दूर मगर,
रख हौसला बुलंद, मंज़िल मुकम्मल
करने को,
दिल में अरमान क़ैद कर लाया हूँ,
मैं मुश्किलों के शहर में, मेहनत का दीया
जलाने आया हूँ।

कि रात के अंधियारे में, जुगनू की तरह
चमकने की ख़्वाहिश नहीं मेरी,
दिन के उजालों में भी चमके सितारा मेरे
नाम का, बस यही आरज़ू लेकर आया
हूँ।
अनजान से शहर में, एक गुमनाम सा
व्यक्ति मैं,

भीड़ से निकलकर अपनी एक अलग
पहचान बनाने आया हूँ।

मुश्किलों के शहर में, मेहनत का दीया
जलाने आया हूँ,
अनजान से शहर में, गुमनाम सा व्यक्ति,
मैं अपनी एक पहचान बनाने आया हूँ,
पहचान बनाने आया हूँ।।

9. सफ़रनामे की कुछ पंक्तियाँ

1.

बदलते सालों, गुज़रती उम्र के साथ,
पलट रहे हैं पन्ने, जीवन रूपी किताब के,
हर पलटते पन्ने पर छूटे हैं कई सवाल।
कुछ सवालों के मिले जवाब,
कुछ अब भी अधूरे से होकर,
उलझे हुए हैं मन में कहीं।।

2.

भटक रहा था जो मन कभी, किताबों में,
मंदिरों में,

या किसी सुनसान सड़क पर,
जिस सुकून की तलाश में।
वो टूटकर बिखरा सा मिला, ख़्वाबों से
जागी,
उम्मीदों के तले कहीं।।

3.

कुछ इस क़दर भटके हैं,
अंजान से रास्तों पर,
अपनी मंज़िल ढूँढने को।
कि अब कोई फ़लाँ रास्ता भी पूछे,
तो बताने में देर तक नहीं लगती।

10. गिरते ख़्वाब, उठती उम्मीदें

1.

मैं खोजने निकला था, चंद ख़्वाबों से
सजी एक मंज़िल,
बहुत ढूँढा, बहुत भटका, यहाँ-वहाँ,
इधर-उधर, अनजाने से रास्तों पर।
मिला कुछ भी नहीं, और मैं गुमशुदा हो
गया।

2.

ज़रूरी नहीं, हर एक ख़्वाब का मुकम्मल
होना,
कुछ ख़्वाबों का अधूरा होना भी लाज़मी

है।
कभी ख़ुद को ज़माने की नज़र से बचाने
को,
अधूरे से ख़्वाबों की नुमाइश लाज़मी है।

3.

वो घर से आँखों में ख़्वाब लेकर निकला
था,
सपनों को हक़ीक़त में सच करने,
जैसे आसमान से निकलती हैं, ओस की
बूँदें, ज़मीन को छूने।
मगर वो नादान, बेख़बर था इस बात से,
कि अक्सर ओस की बूँदें ज़मीन से
टकराकर,
बिखर जाया करती हैं, चंद टुकड़ों में।

11. सपनों के धागों में उलझा मन

आँखें अकसर सो जाया करती हैं, नींदें
पूरी करने को,
मन भटकता रहता है, अधूरे सपने पूरे
करने को।

कि इंसान तसल्ली कर लेता है, सपनों में
ख़्वाहिशों को जीकर,
और हर रोज़ निकल पड़ता है, जीने
हक़ीक़त को,
रखकर अपने अधूरे सपनों से ऊपर।

कि एक रोज़ जब सो जाएंगी आँखें,
हमेशा के लिए यूँ ही लड़ते-लड़ते,
तब उलझा सा रह जाएगा मन, इन्हीं
सपनों के जाल में उलझकर।

एक रोज़ जब चल पड़ेगा कारवाँ, चार
कंधों के सहारे,
एक रोज़ जब बिछड़ जाएगी आत्मा
शरीर से,
तब शायद पूरी होगी तो बस ज़िंदगी की
हक़ीक़त,
और जो अधूरे रह जाएंगे, वो होंगे कुछ
ख़्वाब... कहीं सिमटकर।

12. लिखी हुई तक़दीर

वो लिख चुका है कहानी मेरी,
मैं तो बस एक किरदार निभाने आया हूँ।
वो खींचता है जीवन की हर डोर,
मैं तो बस उसके इशारों पर चलने आया
हूँ।

कहाँ ले जाएगा, क्या मोड़ दिखाएगा?
क्या हँसी मिलेगी या दिल तड़पाएगा?
क्या ख़्वाब होंगे पूरे, या रह जाएँगे अधूरे,
क्या क़िस्मत देगी उजाले, या अंधेरों से
भर देगी कोने?

जो मिलेगा कभी, किसी मोड़ पर,
तो बस एक ही सवाल करूँगा—
क्या लिखा है मेरी कहानी में?

कहाँ ठहरूँगा, कहाँ बिछड़ूँगा,
क्या रह जाऊँगा अधूरा,
किसी अधूरी किताब की तरह?
या होगा अंत का कुछ अंदाज़ निराला?

कहीं राहों में काँटे रखे हैं,
या फूलों से सज़ा सफ़र?
जो भी लिखा, वो मंज़ूर है तेरा,
बस इतना बता—क्या लिखा है ऐसा?

13. ख़ूबसूरत कल की ओर

मुस्कुराओ तो सब-कुछ सुंदर सा लगता
है,
जो बिगड़ जाए मन अगर किसी बात पर,
तो सबकुछ अधूरा सा लगता है।

कि टूटे ख़्वाब भी थे,
टूटा दिल भी था।

मगर जब मुड़े किसी मोड़ से,
तो फिर पलटकर भी न देखा,
क्योंकि, आगे आने वाला मंज़र भी तो,
ख़ूबसूरत ही था।

14. मेहनत या मुकद्दर?

एक उम्र गुज़र जाती है,
मुकाम हासिल करने में,
पैरों में छाले पड़ जाते हैं,
मंज़िल तक का सफ़र तय करने में।

कि ये ज़माना बड़ा ज़ालिम है,
तुम्हारी मेहनत नहीं देखता,
पैरों में पड़े छाले,
रातों में जाग हुई आँखें,
लाल नहीं देखता।

बस कह उठता है कि—

क़िस्मत अच्छी थी प्यारे की,
अंधेरे में तीर चलाया उसने,
और देखो, निशाना लग गया!

15. तेरी मंज़िल, तेरा सपना

है मुकाम तेरा, चाह तेरी,
तुझे उसे पाना है।
जो हो लगन, तो बढ़ा क़दम,
मंज़िल को तुझे पाना है।

आएंगी राह में मुश्किलें कई,
पर अपनी राह से तुझे ना डगमगाना है,
रखकर विश्वास ख़ुद पर,
अपने क़दम बढ़ाते जाना है।

है मुकाम तेरा, चाह तेरी,

तुझे उसे पाना है।
जो हो लगन, तो बढ़ा क़दम,
मंज़िल को तुझे पाना है।

मुश्किल नहीं, मंज़िल तेरी,
बस थोड़ा दूर तुझे जाना है,
बदलेगा वक़्त तेरा भी,
मेहनत करते जाना है।
ना रुकना है, ना थकना है,
बस आगे बढ़ते जाना है।

है मुकाम तेरा, चाह तेरी,
तुझे उसे पाना है।
जो हो लगन, तो बढ़ा क़दम,
मंज़िल को तुझे पाना है।

16. ख़ुद से मुलाक़ात

चलो, आज फिर एक नई शुरुआत करते
हैं,
गहरे शून्य में खोकर,
ख़ुद को खोजने की कोशिश करते हैं।
चलो, आज फिर एक नई शुरुआत करते
हैं।

क्या पाया, क्या खोया का हिसाब छोड़,
अपनी मंज़िल का पता खोजने को,
फिर एक नया रास्ता तय करते हैं।
चलो, आज फिर एक नई शुरुआत करते
हैं।

रख विश्वास अपने आप पर,
अपनी परछाई को भी पीछे छोड़,
ख़ुद ही से मंज़िल का रास्ता बूझ,
अब अकेले ही आगे बढ़ते हैं।
चलो, आज फिर एक नई शुरुआत करते
हैं।

गुज़रना हो भले काँटों भरे रास्तों से,
या पार करना हो गहरा दरिया,
बिन घबराहट, अपने डर से लड़ने की
कोशिश करते हैं।
चलो, आज फिर एक नई शुरुआत करते
हैं।

हो भले हार नसीब, ज़माने की नज़रों में,
मगर फिर भी, बिन डरे,

कोशिश करने का गुमान करते हैं।
चलो, आज फिर एक नई शुरुआत करते
हैं,
गहरे शून्य में खोकर,
ख़ुद को खोजने की कोशिश करते हैं।
चलो, आज फिर एक नई शुरुआत करते
हैं।

17. जो कहा नहीं, वो रचा गया

कुछ कहना है? कह डालो!
कुछ लिखना है? लिख डालो!
अगर मन में है सैलाब दर्द का,
तो अल्फ़ाज़ों को सुर में पिरो डालो,
बना कर एक नग़मा, उसे गुनगुना डालो।

अगर उलझा है मन किसी सोच में,
या खो गया है ज़िंदगी के रंगों में,
तो उठा क़लम या कूंची अपनी,
और कैनवास पर उसे उकेर डालो।

यही तो करते हैं वो फ़नकार,
जो लफ़्ज़ों से तस्वीर बनाते हैं,
जो रंगों से नग़मे गाते हैं,
जो ख़ामोशी में गूंज छोड़ जाते हैं।

हर लकीर में कोई क़िस्सा कहते हैं,
हर सुर में कोई ग़ज़ल बहाते हैं,
जो कह न सके कभी दुनिया से,
वो अपनी क़लाकारी में लुटाते हैं।

यही फ़न है, यही इबादत, यही सौगात,
जिसमें हर बार छुपी होती है कोई नई
बात!

18. ठहरो, सुनो, समझो

किसकी राह तक रहे हो?
किसकी बाट जोह रहे हो?
जीवन तो चलता ही रहेगा,
कल कोई आया था, आज कोई आया है,
कल फिर कोई नया राही आएगा।

इस पथ से गुज़र कर पूछो,
क्या कुछ नहीं देखा इसने?
कभी राजमहलों के वारिस गुज़रे,
तो कभी फटेहाल कोई यात्री।
कभी कोई दानी हाथ लुटाता दिखा,

तो कभी कोई साधु अपनी धुन में लीन
मिला।

पर यह राह...
हमेशा मौन रही,
सबकी कहानियाँ सुनी, पर कभी अपनी
नहीं कही।
कदमों के निशान समेटे,
पर किसी के साथ न चली।

तो तुम भी, पथिक,
कब तक किसी के इंतज़ार में रुकोगे?
कब तक मन में बोझ लिए फिरोगे?
इस राह के किसी मोड़ पर ठहरकर,
अपने मन की गिरहें खोल तो लो।

हर पथिक की अपनी राह होती है,
हर सफ़र का अपना ही अर्थ होता है,
केवल आगे बढ़ना ही जीवन नहीं,
कभी ठहरकर आत्मा का संवाद सुनना
भी आवश्यक होता है।

19. तेरी आहट, मेरा गुलज़ार

तू जो आए, तो रहगुज़र संवर जाए,
तेरी आहट से ये ख़ुशबू बिखर जाए।

दर पे दस्तक तेरी जो इक बार हो जाए,
हर कोना-ए-घर जैसे गुलज़ार हो जाए।

मगर तुझे कहाँ फ़ुर्सत-ए-दीदार-ए-जाना,
ये तो बस इक ग़ालिब सा ख़्वाब है
पुराना।

कभी आ, कि इस दिल को भी रोशन कर

दे,
इस दीवाने को भी मुक़द्दर का चिराग़ कर
दे।

20. एक लेखक का अफ़साना

ख़ामोश कमरा, तन्हा उजाला,
लफ़्ज़ों का दरिया, काग़ज़ का प्याला।

कभी हक़ की बातें, कभी इंक़लाब,
कभी इश्क़ की महफ़िल, कभी ख़्वाबों
का हिसाब।

स्याही में ढलती हैं जज़्बात की रातें,
हर लफ्ज़ कहे अनकही सौगातें।

कभी आँधियों सा गरजता क़लम,

कभी बारिश सा बरसे नर्मो-नर्म।

लिखे कभी इश्क़ की बातें नज़र से,
कभी ज़माने के दिए ज़ख़्म भर से।

हर शाम किसी नई सोच में ढल जाए,
हर सुबह नया एक अफ़साना लिख
जाए।

कभी ख़ुद ही पढ़े, कभी ख़ुद ही सुने,
अपने ही लफ़्ज़ों में खो जाए, जी उठे।

यही है उसकी दुनिया, यही उसका
फ़साना,
लफ़्ज़ों में जीना, लफ़्ज़ों में मर जाना।

21. लफ़्ज़ों से परे, तस्वीरों की ज़ुबाँ

तस्वीरों को लफ़्ज़ों की हाजत नहीं होती,
जो आँखें समझ लें, वो हिकायत कही
होती।

हर साया, हर नक़्श, इक अफ़साना
कहता है,
जो पढ़ सके ख़ामोशी, वही पैग़ाम कहता
है।

रंगों में सिमटी हैं अनकही सौग़ातें,
हर रेखा के पीछे कई जज़्बात बहता है।

यूँ ही नहीं धुंधली हैं कुछ रौशन सूरतें,
हर तस्वीर के पर्दे में इक तूफ़ान रहता है।

क्या कहते हो, किताबों में ही बसता है
जहाँ?
कभी चेहरों को पढ़ो, हर लम्हा फ़रमान
कहता है।

जो लिख न सके, जो कह न सके, वो
चुपचाप बोलते हैं,
बस देखने वाले को इक नज़र की
पहचान कहता है।

www.ingramcontent.com/pod-product-compliance
Lightning Source LLC
La Vergne TN
LVHW050938200726
843508LV00011B/2376